En la playa

por Maryellen Gregoire

Consultora:
Nancy E. Harris, M.Ed

capstone
classroom
Heinemann Raintree • Red Brick Learning
division of Capstone

Muchos animales viven en la playa.

Muchos animales se mueven en la playa.

Veo un cangrejo caminando sobre la arena.

El cangrejo tiene la cabeza plana. Tiene los ojos rojos.

Veo un flamenco caminando en la arena.

El flamenco tiene la cabeza rosa. Tiene los ojos pequeños.

Veo a un lobo marino sentado en la playa.

El lobo marino come pescado.
Come pescados grandes.

Veo a un pingüino sentado en la playa.

El pingüino come pescado. Come pescados pequeños.

Veo una gaviota volando sobre la playa.

La gaviota come pescado.
Tiene un pico largo para
comer pescado.

Veo un pelícano volando sobre la playa.

El pelícano come pescado. Tiene un pico grande para comer pescado.

¿Cómo se mueve un niño en la playa?